ESTAMPES

Écoles Anciennes des XVIe et XVIIe Siècles

ÉCOLES FRANÇAISE & ANGLAISE

DU XVIIIe SIÈCLE

PORTRAITS

Eaux-fortes modernes, lithographies

ESTAMPES EN LOTS

DESSINS

Dont la vente aura lieu à Paris

HOTEL DROUOT, Salle N° 8

Les Mardi 26 et Mercredi 27 Novembre 1901

à deux heures

Me MAURICE DELESTRE
COMMISSAIRE-PRISEUR
5, rue St-Georges

M. LOYS DELTEIL
ARTISTE-GRAVEUR, EXPERT
67, Rue Ste-Anne

CONDITIONS DE LA VENTE

Elle sera faite au comptant.

Les acquéreurs paieront *dix pour cent* en sus des adjudications.

M. Loys Delteil remplira les commissions que voudront bien lui confier les amateurs ne pouvant y assister.

MM. les amateurs pourront visiter la collection, *67, rue Sainte-Anne, du Vendredi 22 au Lundi 25 novembre de 9 h. à 3 h. 1/2*, le **Dimanche 24, excepté.**

ORDRE DES VACATIONS

Mardi	26 Novembre.	N^os^	1 à 200
Mercredi	27 —	»	200 à la fin.

DÉSIGNATION

Adam (Victor)

1. Costumes Espagnols, Russes, Suisses, Turcs, Chinois, Persans. Douze lithographies in-fol. Belles épreuves.

Adresses

2. *MIGNAN*, *Peintre*, *Ornements*, *Attributs et Lettres*. Lith. in-4°. Rare.

Akersloot (William)

3. Le Reniement de St Pierre, d'après P. Molyn, 1626. In-fol. Très belle épreuve. Rare.

Aldegraver (Henri)

4. Jupiter, 1533 (B. 78). — Vignette aux deux Sirènes (199). — Rinceaux d'ornements (202). Trois pièces. Belles épreuves.

Alix (Pierre-Michel)

5. Molière (J. B. Poquelin), 1797. Ovale in-4°. Belle épreuve tirée en couleurs, *avant la lettre*, petites marges.

Alken (d'après Henry)

6. *I'll never touch a Gun more...*, 1822. Petit in-fol. Belle épreuve coloriée.

Almanach

7. *Almanach de l'Offrande Nationale*, petite vignette par J. Le Roy. Belle et très rare épreuve à *l'eau forte pure*.

Amérique (Estampe relative à l')

8. Washington (G.), par Aug. Blanchard, 1836. In-fol. Superbe épreuve *avant la lettre*, sur chine.

Ardell (Mac), Baillie (W.) et Schenck (P.)

9. Newton — C. de Wit — G. Brandt. Trois pièces en manière noire. Belles épreuves.

Bartolozzi (F.)

9bis. Deux jeunes Filles assises sur une causeuse, d'après Lady Diana Beauclerk, 1780. In-fol. Très belle épreuve, marges.

10. Bulkeley (Harriet, Viscountess), d'après R. Cosway, 1785. In-4°. Très belle épreuve tirée en bistre, marges.

11. Louisa Hammond, d'après Ang. Kauffman, 1781. Ovale in-fol. Très belle épreuve, marges.

12. La Signora Rosalba tenant un éventail, d'après elle-même, 1778. Ovale in-8°. Très belle épreuve *avant la lettre*, tirée en bistre.

13. L'Innocence se réfugiant dans les bras de la Justice, d'après Mme Vigée Le Brun, 1783. In-fol. Belle épreuve *avant la lettre*, tirée en sanguine.

Bartolozzi (F.)

14. *A. St Giles's Beauty*, d'après J. H. Benwell, 1783. Ovale in-4°. Belle épreuve tirée en bistre et coloriée.

15. La belle Rhodope amoureuse d'Esope, d'après Ang. Kauffman, 1783. In-fol. Très belle épreuve tirée en bistre, à grandes marges.

16. Jupiter and Juno on Mount Ida, d'après Cipriani, 1784. Ovale in-4°. Belle épreuve.

17. *Angelica and Medora*, d'après Cipriani. Très belle épreuve tirée en bistre.

18. *The Dowager Queen of Edward the 4 parting... duke of York... order Richard the III...*, d'après Cipriani, 1786. In-fol. Belle et rare épreuve *avant toutes lettres non terminée*, imp. en bistre.

Basset et Danizy

19. Invitation du Sr Ramponneau — Phenomene de la basse Courtille, 1760. Deux curieuses pièces sur le cabaret Ramponneau. Très belles épreuves. Rares.

Baudicour (Prosper de)

20. Le Peintre-Graveur français continué. — Paris. 1859-1861. 2 vol. in-8°, cart.

Beaumont (Édouard de)

21. Fariboles. — Au Bal masqué. — Croquis d'Eté. — Dialogues parisiens. etc Deux-cent-quatre-vingt pl. extraites du *Charivari*.

Beauvais (N. D.)

22. Portrait équestre du Mis de St Aignan, d'après Parrocel. In-fol. Belle et très rare épreuve *avant toutes lettres*.

Beham (Hans Sebald)

23. Adam et Eve, 1543 (B. 6). — Cléopatre (77). Deux pièces. Belles épreuves.

Beham (Hans Sebald)

24. Les travaux d'Hercule (B. 97, 100, 102, 103 et 105). Cinq pièces. Belles épreuves.

25. Les Armoiries à l'aigle, 1543 (B. 257). Belle épreuve.

26. St Mathieu (B. 55). — Les Planètes (B. 114, 115, 116). — La Grammaire (121). — La Rhétorique (123). Six pièces. Belles épreuves.

27. Job s'entretenant avec ses amis (B. 16). Le Rapt d'Hélène (70). — Ornements (233, 236). — Le Char de triomphe (237). — Noce de village (155). — L'Enseigne, le Tambour et le Fifre (198) Sept pièces. On y a joint une copie. Belles épreuves.

Besnard (Albert)

28. Etude de femme se peignant. Eau forte. Très belle épreuve.

Boilly (d'après L.)

29. La Surprise agréable, par Mixelle. In-fol. Belle épreuve.

Bois anciens

30. Le Christ en croix. Bois anonyme de la fin du XVe siècle. Belle épreuve tirée sur vélin et *enluminée*.

31. Décollation de deux Saints. — St Jérôme. — St Georges. — Paysage, etc. Sept pièces par Hugo de Carpi, Scolari, Solis, deux tirées en camaïeux.

32. Sujets Religieux et Mythologiques. — Scènes d'Histoire. etc. Cinq cents pièces. Ce n° sera divisé.

Bolswert (Schelte à)

33. Mercure et Argus, d'après J. Jordaens. In-fol. Belle épreuve.

Borel (d'après Ant.)

34. J'y passerai, par R. De Launay. In-fol. Bonne épreuve.

Bosse (Abraham)

35. La Déroute et confusion des Jansénistes (G. D. 219). Très belle épreuve. Rare.

36. Préparation du Soldat Chrestien au Combat Spirituel (G. D. 216). — Les Forces de la France sous le règne de Louis le Juste (1228). Belles épreuves.

37. Scènes de Mœurs. Trois pièces, une d'après A. Bosse. Bonnes épreuves.

Bossius (Jacob, dit Belga)

38. *Monstra della giostra fatta nel Teatro di Pallazzo ridotto in questa forma della Santa di N. S. Pio 4°*... In-fol. Très belle épreuve. Rare.

Both (Jean)

39. Les deux Vaches au bord de l'eau (B. 8). Belle épreuve du 1er état, avant le nom de l'artiste.
40. Le Pont de pierre (B. 5). — Le Muletier (6). — Le Trajet (7). Trois pièces. Belles épreuves, une du 1er état, avant le nom de Both.

Botticelli (d'après Sandro)

41. La Vierge et l'Enfant entourés d'Anges. – Les Anges (détail). — Naissance de Vénus. Trois photographies in-fol., par Braun.

Boucher (d'après F.)

42. L'Hymen et l'Amour, par Beauvarlet. In-fol. Très belle épreuve.

43. Pensent-ils à ce mouton ? — Naïades et Tritons. — Femme à la Colombe. Trois pièces in-fol. par Mme Jourdan et Demarteau.

Boyvin (René)

44. Histoire de Jason et de la Conquête de la Toison d'or (R. D. 39-64). Suite de vingt-six pièces, incomplète des pl., 12, 20, 21, 22, 23 et 26. Vingt pièces et quatre doubles. Belles épreuves.

Bradel (J.-B.)

45. Eon de Beaumont (C. G. L. d'), 1779. In-fol. Belle épreuve.

Breughel (d'après P.)

46. Les Vierges sages et les vierges folles. — La Justice. Deux pièces par J. Cock. Belles épreuves,

Brown (John Lewis)

47. Aux abords du champ de Courses, 1885. Lithographie en forme d'éventail. Epreuve sur japon, imprimée en couleurs. Rare.

Callot (Jacques)

48. Le Martyre des Apôtres (M. 120-135). Suite complète de seize petites pièces. Belles épreuves avec les nos.

49. Les Grandes Misères de la Guerre, 1633 (M. 564-581). Suite complète de dix huit pièces. Superbes épreuves de 2e état d'une parfaite égalité de tirage. Collection Thorel.

50. La même suite. Suite complète. Très belles épreuves du même état réunies en cahier.

51. Paysages dessinés à Florence par Callot, et gravés par Collignon? (M. 1187-1198). Suite complète de douze pièces. Très belles épreuves du 1er état.

Camaïeux

52. La Sainte-Vierge, d'après le Parmesan, par un anonyme (B. III, 12). — Sibylles, d'après le Guide, (V. 2-3) par B. Coriolan. Trois pièces. Très belles épreuves.

Caricatures. Scènes de Mœurs

53. Promenade de la petite Famille. — La Marchande de poissons de la Place Maubert. — Costumes Français et Danois. — Motifs d'écrans. Dix pièces curieuses, la plupart publiées chez Basset. Belles épreuves coloriées.

Caricatures, Scènes de Mœurs

54. Caricatures politiques. — Scènes de Mœurs. Quarante-cinq pièces par Gavarni, Pigal, Traviès, Cham, Vernier, Ed. de Beaumont. Belles épreuves, six coloriées.

55. Les Lorettes. — Impressions de ménage. — La Boîte aux lettres, etc., 68 pl. par Gavarni. — Scènes diverses, par Daumier, Traviès, etc. En tout quatre-vingt pl. extraites du *Charivari*.

56. Scènes de Mœurs. — Caricatures politiques. Quatre cents pièces, par Daumier, extraites du *Charivari*.

Challe (M. A.)

57. Sommeil de Vénus, par G. R. Le Villain. In-fol. Belle épreuve.

Chapron (Nicolas)

58. Les Loges de Raphaël, au Vatican. Suite de cinquante-quatre pl. Deux exemplaires, soit 108 pièces.

Chardin (d'après J. B. S.)

59. La Fontaine, par C. N. Cochin. Belle épreuve du 1er état, à *l'eau forte pure*. Rare.

Chauvel (Théophile)

60. Paturges (L. D. 112). Lithographie in-fol. Très belle épreuve du 2e état, sur chine.

Cheesman (T.)

61. Catherine Paulowna, Grande Duchesse de Russie, d'après L. Eusebi. 1814. Ovale in-4. Très belle épreuve.

Chéreau (à Paris chez la Vve)

62. Bivouac des troupes Russes aux Champs-Elysées à Paris au 31 mars 1814. In-fol. Belle épreuve coloriée, rare.

Chevillet (Juste)

63. L'Amour Maternelle, d'après de Peters, In-fol. Très belle épreuve, marges.

Claessens (L. A.)

64. La Femme hydropique, d'après G. Dow. Grand in-fol. Belle épreuve.

Costumes

65. Costumes de personnages de divers Pays. Cinquante gravures en bois, en 1 vol. in-8°, cart., extraites d'un recueil de costumes, publié à Saint-Gall, par G. Staub, 1600. Belles épreuves.

66. *Briefve histoire de l'institution des Ordres religieux, avec les figures de leurs Habits, gravées sur le cuivre, par Odoard Fialette, Bolognois.* — Paris, *A. Menier*, 1658. — 1 vol. in-8°, rel., contenant 2 titres gravés et 72 pl. (incomplet de 2 pl.),

67. Jeune Actrice vêtue du costume Espagnol, prr Deny d'après A. Léveillé (Cahier C, 16e F.). Bonne épreuve.

68. Costumes militaires de l'époque de la Restauration: Maniement du fusil, 6 pl. — Costumes de soldats Louis XV, 20 calques à la plume, pai RAFFET. — Histoire générale du Costume, par R. Jacquemin, tome 1er (texte seul). On y a joint, Coll. des Goncourt, Bibliothèque du XVIIIe siècle et Coll. de 4 peintures de Boilley.

69. Planches pour *l'Armée Française*, par Edouard Detaille. Vingt-cinq photogravures in-fol., tirées en couleurs. Belles épreuves.

Coutelier (d'après)

70. Le Secret entretien. — La Curiosité satisfaite Deux pièces ovales in-fol., par Pitou, faisant pendants. Belles épreuves impr., en bistre et en sanguine.

Dalen (Cornelis van)

71. Este (Isabelle d'), sœur de Lucrèce Borgia, d'après le Titien. In-fol. Très belle épreuve.

Daullé (Jean)

72. Mlle Pélicier, d'après H. Drouais. In-fol. Très belle épreuve avec l'adresse de Jacob.

Debucourt (P. L.)

73. La Femme et le Mari, ou les Epoux à la Mode. Bonne épreuve.

74. Un Gourmand (M. Fenaille, 150). Ovale in-fol. Belle épreuve, marges.

75. Chénard, auteur, d'après L. Boilly (M. F. 511). Très belle et rare épreuve du 1er état, avant toutes lettres,

76. Costumes russes. d'après Norblin. Quatorze pièces. Très belles épreuves, coloriées.

Debucourt (d'après)

77. Promenade du jardin du Palais-Royal. Reproduction in-fol., tirée en couleurs avec rehauts.

Delaulne (Étienne)

78. Ecrans ou Miroirs à main (R. D. 314 et 315). Suite de deux estampes rares. Belles et anciennes épreuves remargées (le manche du second miroir manque).

79. Sujets mythologiques. Douze petites pièces ovales faisant partie de plusieurs suites. Belles épreuves.

Demarteau (Gilles)

80. Rubens (P. P.), d'après Ant. Watteau. Belle épreuve tirée en 2 tons.

81. Le Sommeil d'Annette. — La Pipée. Deux pièces d'après F. Boucher. Très belles épreuves tirées en sanguine.

Desboutin (Marcellin)

82. Les Enfants de Desboutin. Pointe sèche in-4°. Très belle épreuve à toutes marges.

Desclaux (V.)

83. Les Moissonneurs dans les Marais-Pontins, d'après L. Robert. Superbe épreuve avant la lettre, sur Chine.

Diaz (Narcisse)

84. Scènes pour un Roman, deux lithographies in-8°, originales et *inédites*, fort rares. On y a joint deux croquis provenant d'une planche d'ensemble.

Dickinson (William)

85. Lydia, d'après Peeters. Ovale in-4°. Belle épreuve, tirée en bistre, marges.

86. Pierre-Paul Rubens, d'après lui-même, 1780. In-fol. Superbe épreuve tirée en bistre, sans marges.

87. Rigaud (H.), par Edelinck. — Salle de concert dans l'édifice de la société F. Méritis, par R. Vinkeles. — Bataille de Marengo, par Wexelberg. Trois pièces in-fol. Bonnes epreuves.

88. Le Silence. — Mlle de La Vallière. — Rousseau. — Le Revers de Fortune. — Le Goûter galant. — Six pièces in-fol., par Cathelin, Baillie, Avril, Blanchard, trois avant la lettre, une tirée en ton rose. Belles épreuves.

89. Sujets divers. — Paysages. — Ornements. Dix-sept pièces par ou d'après Ostade, Callot, Rembrandt, Cochin, Bérain, &.

90. Sujets divers et Paysages. Trente-cinq pièces par ou d'après Boucher, Cochin, Nilson, Duplessi-Bertaux et autres.

91. Cris de Paris, par Poisson, 8 pl. — Portraits divers. — H. Monnier, par Gavarni. — Polichinelle, par Meissonnier, &. Soixante pièces.

Divers

92. Almanach de la Toilette et de la Coiffure des Dames Françaises. — Paris, *Desnos*, texte et pl. 13 à 23, soit 11 pl. de coiffures — Contes de La Fontaine, s. l. 1777, t. II. — Principes de dessin. — Paris, *Jombert*, 1773. — Ensemble, 4 vol., à figures.

Drevet (Pierre)

93. Boileau-Despréaux (N.), d'après H. Rigaud (D. 24). Très belle épreuve.

94. Boileau-Despréaux (N.), d'après de Piles (D. 23). Très belle épreuve.

95. Cotte (Robert de), d'aprés H. Rigaud (D. 34). Belle épreuve du 3e état.

96. Maria Serre, mère d'H. Rigaud, d'après H. Rigaud (D. 110). Belle épreuve du 2e état.

97. Motteville (Hélène Lambert, Mme de) d'après N. de Largillière (D. 95). Superbe épreuve.

Drevet (Pierre-Imbert)

98. Lecouvreur (Adrienne), d'aprés Ch. Coypel (D. 24). Très belle épreuve du 3e état.

Dupérac (Étienne)

99. Le Jugement de Pâris, d'après Raphaël (R. D. 79). In-fol. Belle épreuve (Restauration à gauche).

Duplessi-Bertaux (J.)

100. Scènes de la Révolution et de l'Empire. Dix pièces à l'état *d'eau forte pure*. Belles épreuves.

Durer (Albert)

101. La Vierge à la couronne d'étoiles et au sceptre, 1516 (B. 32). Belle épreuve.

102. La Vierge aux cheveux courts, liés avec une bandelette, 1514 (B. 33). Très belle épreuve.

103. La Vierge donnant le sein à l'Enfant Jésus, 1512 (B. 36). Belle épreuve.

104. La Vierge couronnée par un ange, 1520 (B. 37). Très belle épreuve.

105. St-Christophe, 1521 (B. 52). Belle épreuve.

106. St-George à pied (B. 53). Très belle épreuve.

107. La Justice ou Némésis (B. 79). Belle épreuve. Rare.

Durer (Albert)

108. La Dame à cheval (B. 82). Belle épreuve.

109. Les trois Paysans (B. 86). — Le Paysan au marché (89). Deux pièces. Belles épreuves, la première est doublée.

110. Le Seigneur et la Dame (B. 94). Belle épreuve.

111. Sujets de Vierge. — Les Offres d'amour. Cinq pièces. Anciennes copies.

Dutertre (A.)

112. Portrait en pied de Desaix. In-fol. Belle épreuve. Rare.

Dyck (par et d'après Ant. van)

113. Franck (Fr.). — Vos (Paul de). — Robert, comte Palatin du Rhin. — Aremberg (Pce d'), etc. Six pièces par Van Dyck, Bolswert, Dandré Bardon. Belles épreuves.

Eaux-fortes anciennes

114. Sujets religieux et Mythologiques. — Allégories. — Paysages. Douze eaux-fortes par F. de Troy, J. Bellange, B. Dubois, G. Lallemand, J. Boissart, etc., plusieurs très rares. Belles épreuves.

115. Sujets divers. Vingt-cinq eaux-fortes par Ch. Le Brun, La Hyre, Dassonville, Loutherbourg, Challe, Hennequin, etc., plusieurs rares. Belles épreuves.

116. Sujets divers et Paysages. Trente eaux-fortes, par P. Bout, A. Storck, Dusart, Wyck, F. Wouters, Josse de Pape, Vlieger, etc. Plusieurs très rares.

Eaux-fortes modernes

117. Sujets divers. — Paysages. — Portraits. Vingt pièces par Jacquemart, Bléry, Bracquemond, Desboutin, Chaplin, Bonvin et autres. Belles épreuves.

118. Sujets divers. — Paysages. Quarante pièces par Bracquemond, Waltner, Appian, Blery et autres, plusieurs avant la lettre.

École de Marc-Antoine Raimondi

119. Les deux Armées en ordre de bataille, par Augustin Vénitien, 1528. d'après le *maître à la ratière* (B. 415). Belle épreuve. Rare.

120. Sujets religieux et mythologiques. — Monuments et statues. Onze pièces par ou d'après A. Vénitien, Marc de Ravenne, J.-B. Mantuan, etc.

121. Sujets religieux et mythologiques. — Allégories. — Statues. etc. Quarante pièces par M. A. Raimondi, Augustin Vénitien, Marc de Ravenne, J. Caraglio. les Ghisi et anonymes.

École Ancienne

122. Sujets religieux. — Scènes de genre. etc. Seize pièces par Goltzius, Sadeler, Boyvin, Passe, etc.

École de Fontainebleau

123. Mort de Cléopâtre, par un anonyme (B. 41). — Les Grecs introduisant le cheval dans Troie (45), attribué à Despêches. — Sujet de bataille, attribué à Fantuzzi (98). Trois pièces. Belles épreuves.

124. Les sept péchés mortels, d'après Lucas Penni, par un anonyme (B. 104-110). Suite de sept pièces de forme ovale, incomplète d'une pl. (L'Impudicité), soit six pièces. Belles épreuves, sans les petits sujets ronds, accompagnant le sujet principal.

École Anglaise

125. Scène gracieuse. Ovale in-4°. Belle épreuve tirée en couleurs, sans marges.

126 The Fair. — The Show. — Summer Amusement. — Scènes gracieuses enfantines, 1785. Cinq pièces ovales, par Colibert, Bartolotti, d'ap. Hamilton, Wheatley et Colibert. Belles épreuves, deux *avant la lettre*, quatre tirées en bistre.

École Française

127. La Toilette de Vénus. — Palémon and Lavinia. — Mlle Roze. — Tête de jeune femme. Quatre pièces par Bonnet, Tomkins, Le Grand, etc., impr. en couleurs et en sanguine.

École Française

128. Mlle Aulard et Dauberval, d'après Carmontelle. — Iris, c'est de bonne heure... — Bacchus et Ariadre. — Léda. — Petite liseuse. Six pièces par Tilliard, Cochin, Dúflos, etc., d'après Watteau, Greuze et autres, une avant la lettre.

129. *Mortel, juiez...* — Diane et Endymion. — L'Education de l'Amour. — La Baigneuse surprise. — Frontispice pour une Histoire de la Suisse. — Adam et Eve. Sept pièces in-fol., par Cars, Daullé, Levasseur, Née, etc., d'ap. Lemoine, Boucher, Moreau le jeune, Vanloo. Belles épreuves, deux *non terminées*.

École Italienne (XVIIe siècle)

130. Sujets religieux et mythologiques. — Têtes de fantaisie. Dix-huit eaux-fortes, par Castiglione, Salvator Rosa, Carrache, Le Guide, Farinati, etc., la plupart en très belles épreuves.

Édelinck (Gérard)

131. Ste Madeleine, d'après Ch. Le Brun (R. D. 32). Très belle épreuve.

132. De Blye (Jean-Baptiste), d'apr. G. Ladame (R. D. 179). Très belle épreuve.

133. Kaunitz (Cte de), 1697 (R. D. 228). Très belle épreuve.

Eisen (d'après Charles)

134. Le Concert champêtre. — Les Plaisirs champêtres. Deux pièces, par De Longueil, faisant pendants. Belles épreuves.

Ex-libris

135. Montigny, par Le Daulceur. — Marin, par Denon-Burty, par Bracquemond, — Des Brosses. — Cusset. — Doyen (P.). — Mondesir. — Ruffey. — Villotran (de), etc. Vingt-sept pièces. Belles épreuves.

136. Ex-librios modernes.— Armoiries. — Reproductions d'ex-librios anciens. Environ cinq cents pièces.

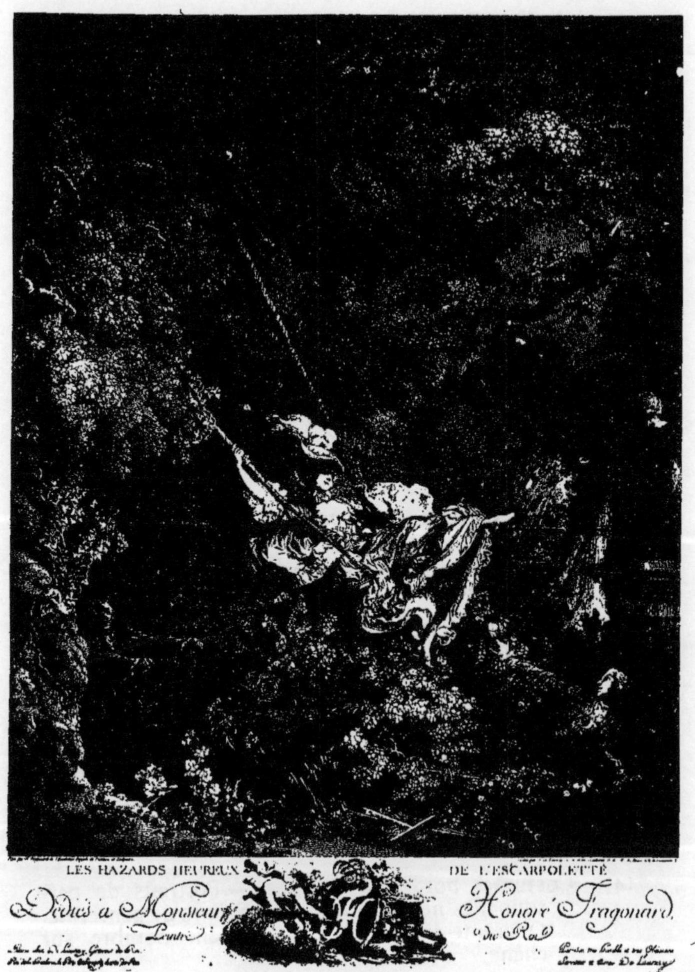

FRAGONARD

(Numéro 140 du Catalogue)

Ficquet (Étienne)

137. La Fontaine (J. de), d'apr. H. Rigaud. — Montaigne. Deux pièces. Très belles épreuves.

Fortuny (Mariano)

138. Idylle. — La Victoire. Deux pièces. Belles épreuves à toutes marges.

Fragonard (d'après Honoré)

139. Le Baiser à la dérobée, par N. F. Regnault. Très belle et rare épreuve *avant toute lettre*, seulement le nom du graveur tracé à la pointe.
140. Les Hazards heureux de l'Escarpolette, par N. De Launay. Grand in-fol. Belle épreuve avant que la planche n'ait été réduite en ovale (elle est doublée et remargée à la marge de cuivre).
141. Joconde, par Mme Lingée. Belle épreuve *avant toutes lettres*.

Freudeberg (par et d'après)

142. La Toilette champêtre. — La propreté villageoise. Deux pièces in-4°. Très belles épreuves coloriées.

143. Le Départ et le Retour du soldat Suisse. — Scènes champêtres. Six eaux-fortes, par le comte de Corneillan. Très belles épreuves. Rares.

Gaillard (R.)

144. Castanier (Franç), d'apr. H. Rigaud. In-fol. Très belle épreuve.

Galard (G. de)

145. Costumes bordelais. — Vues. — Portraits de personnages nés à Bordeaux. — Scènes de genre, etc. Quarante-deux pièces, un certain nombre sur chêne.

Gautier-Dagoty (Édouard)

146. Louis XIII. — Louis IX, Dauphin. Deux pièces in-4°. Belles épreuves.

Gavarni

147. De Belleyme (M. et B. 76). — Decamps (77). — Sauvage (F.) (78). — Isabey (J.-B,) (80). Quatre pièces in-fol. Très belles épreuves sur papier de Chine.

148. Henry Monnier. — La Sculpture monumentale. — La Femme à la tête de mort. — Albanaise. Quatre pièces. Très belles épreuves, trois sur Chine.

Gellée (Claude)

149. Mercure et Argus (R. D.). Belle épreuve.

Géricault (Th.) et Vernet (Carle)

150. Etudes de Chevaux. Trente lithographies in-4° et in-fol. Belles épreuves.

Gheyn le Vieux (Jacques de)

151. L'Empire de Neptune, d'après W. Telrho. Grand in-4° de forme ronde. Belle épreuve.

152. Le grand Lion. Ovale in-fol. Très belle épreuve du 2e état, avec le nom de Bosschèr.

Goltzius (Henri)

153. Les Culbuteurs, d'après Cornelis (B. 258-261). Suite de quatre pièces in-fol., de forme ronde. Très belles épreuves.

Green (V.)

154. Articles d'Union présentés par les commissaires à la Reine Anne en 1706, d'après J. G. Huck 1786 Grande pièce renfermant de nombreux portraits. Très belle épreuve, remmargée.

Hédouin (Edmond)

155. Vignettes pour le Théâtre de Molière (H. B. 160-195), Trente pièces (sur 35) avant la lettre, sur chine volant.

Henriquel-Dupont (L. P.)

156. Les Pèlerins d'Emmaüs, d'après Paul Véronèse (H. B. 94). Grand in-fol. Très belle épreuve à l'état d'eau forte, avant toutes toutes lettres.

157. Jeanne d'Arc, d'après Benouville. 1871 Très belle épreuve sur chine.

Hodges (I. N.)

158. Macintosh (A), d'après C. H. Hodges. In-fol. Très belle épreuve.

Hofflet (XVIIe siècle)

159. Portraits équestres de Louis XIII, roi de France, des Monarques d'Europe, des comtes Palatins du Rhin et de divers personnages marquants de la 1re moitié du XVIIe siècle. Soixante-une pièces petit in-4° en 1 vol. Belles épreuves.

Hollyer (à Londres chez S.)

160. *The Village magistrate — The constable of the Night*, Deux pièces in-fol. aqua-tintes anonymes, d'après Hemskirk. Très belles épreuves.

Huet (Jean-Baptiste)

161. Œuvres de J. B. Huet, Peintre français... Livre Ier, cahiers 1 à 3, soit dix-huit pl., in-fol. renfermant un certain nombre de motif divers. Très belles épreuves à toutes marges, en cahier du temps.

Huet (d'après J.-B.)

162. La Déclaration. L'Amant pressant. Deux pièces par Aug. Legrand, faisant pendants. Très belles épreuves tirées en couleurs, sans marges.

163. L'Automne, par Liger. In-4°. Très-belle épreuve tirée en 2 tons.

164. Offrande à l'Espérance, par Jubier. Belle épreuve imprimée en couleurs.

Ingres (d'après J. D. A.)

165. La Comtesse d'Agoult et sa Fille, comtesse de Charnacé, par Adolphe Salmon. Grand in-fol. Très-belle épreuve avant la lettre sur chine, avec dédicace.

166. Le Martyre de St-Symphorien, par Alph. François. Grand-fol. Très belle épreuve avant toutes lettres, sur chine.

167. Le Christ remettant les clefs à St-Pierre, par C. S. Pradier. — L'Apothéose d'Homère, par Ach. Martinet. Deux pièces gr. in-fol. Très belles épreuves avant la lettre, sur chine, la seconde avec dédicace.

168 Bartholini, par Potrelle — Dr Martinet, lith. par Calamatta — Gatteaux (N. M. et E), par Dien — Lepère (G. B.), par Galimard, etc. Huit pièces.

Janinet (J. F.)

169. Coiffures de Femmes — Ruines romaines, d'après H. Robert. Quatre pièces tirées en couleurs et montées en dessins.

170. Environs de Gênes, d'après Houel. Belles épreuves grandes marges.

Jazet (J. P. M.)

171 Louis XVI recevant le Duc d'Enghien au séjour des bienheureux, d'après Roehn. Grand in-fol. Très belle épreuve avant la lettre.

172. Sacre de Napélon, d'après David. Grand in-fol. Très belle épreuve avant le nom du graveur.

Jeux

173. Jeux de cartes fantaisistes de la Restauration. Quatre vingt-douze motifs sur cinq planches. Belles épreuves en noir.

Jonxis (P. H.)

174. Vénus et l'Amour, d'après L. Giordano, 1783, In-fol. Très-belle épreuve.

Jordaens (Jacques)

175. Le Christ descendu de la Croix — Jupiter et la Chèvre Amalthée — Mercure et Argus. Trois eaux-fortes originales. Belles épreuves du 1er état.

Lancret (d'après N.)

176. Le théâtre Italien, par G. F. Schmidt (E. B. 79). Belle épreuve du 1er état.

177. A Femme avare, galant escroc — Le Gascon puni. Deux pièces in-fol., par N. De Larmessin. Belles épreuves avec la 1re adresse.

Laugier et Gelée

178. Daphnis et Chloé — Héro et Léandre. Deux pièces in-fol., d'après Hersent et Delorme. Très belles épreuves.

Laurence (d'après Thomas)

179. Master Lambton, par Samuel Cousins, 1827 in-fol. Belle épreuve, marges.

Lautensack (Hans-Sebald)

180. Schurstab (Jérôme), 1554 (B. 7). In-fol. Très belle épreuve.

Lavreince (d'après Nic.)

181. Le Séducteur (E. B. app. 7) Belle épreuve d'une pièce rare, restée à l'état d'eau forte pure.

182. *On y va deux*, par Kretlow et anonyme. Deux pièces in-8. Bonnes épreuves, une coloriée.

Le Bas (Jacques-Philippe)

183. Une Place de Strasbourg et le faubourg de Saverne pendant les fêtes de l'Entrée de Louis XV à Strasbourg, d'après Weiss. Deux pièces gr. in-fol. Belles épreuves.

Le Beau

184. Marie-Antoinette, d'après Marillier. Belle épreuves av. le n°.

Lempereur (L.)

185. Festin galant, d'après un maître hollandais. Grand in-fol. Très belle épreuve avant toutes lettres.

Lépicié (B.)

186. Capperonnier (Claude), d'après Aved. In-fol. Très belle épreuve.

Leslie (d'après C. R.)

187. *Dulcinea del Toboso* par J. Posselwhite. 1845. In-fol. Belle épreuve.

Leyde (Lucas Dametz. dit de)

188. L'Adoration des Mages, 1513 (B. 37) Ancienne épreuve (restaurée).

189. Jésus-Christ présenté au peuple, 1510 (B. 71) Belle épreuve.

Lithographies

190. Sujets divers vingt-quatre pièces par Gericault, Delacroix, L. Cogniet, H. Bellangé, etc. Belles épreuves.

191. Sujets religieux — Scènes de Genre — Paysages et Animaux. Vingt-six pièces par Mouilleron, Sirouy, J. Laurens, Soulange-Tessier etc., d'après Delacroix, Rosa Bonheur, Troyon et autres, la plupart avant la lettre. Ce n° sera divisé.

192. Cris de Paris — Sujets gracieux — Scènes d'histoire et de genre, etc. Vingt-huit pièces par Carle Vernet, Devéria, Aubry-Lecomte (d'après Prud'hon), L. Cogniet, etc. Belles épreuves.

Lœillot (Karl)

193. Revue de Charles X, pl. 1 Lithographie in-fol. Belle épreuve. On y a joint les *Ruines d'une Abbaye*, croquis à la mine de plomb, par Amédée Faure.

Longhi (Joseph)

194. Poniatowski, 1808. Très belle épreuve avant la lettre grandes marges.

Lucas

195. Annibal, né à Marseille ou il est mort âgé de 121 ans 3 mois. d'après Viali. In-fol. Très belle épreuve.

Mantégna (André)

196. La Sépulture (B., 3) Belle épreuve.

Martinet (F N.)

197. Bal du May donné à Versailles pendant le Carnaval de L'année 1763, d'après Slodtz. In fol. Belle épreuve.

Masquelier (C. L.)

198. La Vierge et l'Enfant Jésus, d'après Raphaël. In-fol. Très belle épreuve avant la lettre toutes marges.

Maurin (A.)

199. Nicolas Ier Empereur de toutes les Russies — Alexandra Feodorovna. Deux lithographies gr. in-fol. Belles épreuves sur chine.

Meissonier (d'après Ernest)

200. Napoléon III à Solférino — Polichinelle — La Chanson — Sur la Terrasse. Quatre pièces par Boilot et Nargeot. Très belles épreuves avant la lettre sur japon.

Mellan (Claude)

201. Du Bois, dit Olivier (M. 184). — Faure (C.) (186). — Fouquet (N.) (187). — Gassendi (P.) (189). — Justiniani (V.) (197), — Le Vayer (La Mothe (198). — Lesdiguières (199). — Levi (Anne de) (200). — Louis XIV enfant aux pieds de la Vierge (206). Neuf pièces. Belles épreuves.

202. Marolles (Cl. et Mich. de) (M. 209-210). — Mazarin (211). — Molé (Math.) (215). — Montmorency (H. de) (216). — Naudé (G.) (218). — Nesmond (de) (219). — Orléans (L. d') rare (220). — Perefixe de Beaumont (221). — Philaras (224). Dix pièces. Belles épreuves.

203. Mellan, par lui-même (M. 1). — Barclay (167). — Bentivoglio (169). — Berrier (L.) (170) .— Blacuodeus (172). — Bouillon (C. de), 1673 (173). — Bouques (C. de), rare (174). — Condren (179); — Conty (Arm. de Bourbon) (180). — Elbene (A. d') (181. Douze pièces. Belles épreuves.

204. Rebe (Cl. de). — Talon (Omer). — Thibaud (R. P.) (234). — Toiras (M[al] de) (235). — Trullier (J.) (236). — Urbain VIII (237). — Villemontée (F. de) (243). — Anne d'Autriche (246). — Castiglione (Agathe) (249). — La Brosse (Anne de) (255). — Titres (317-320). Quatorze pièces. Belles épreuves.

205. Fronstispices de livres : n°s 301, 303, 305, 306, 307, 310, 311, 312, 314, 318, 324, 326 et 328, du cat. de Montaiglon. Quinze pièces. Belles épreuves, sept sont *avant la lettre.*

206. Sujets Religieux et Mythologiques. — Armoiries. — Vignettes, etc. Vingt-sept pièces. Belles épreuves.

207. Portraits divers. Trente pièces, la plupart avec l'adresse d'Odieuvre.

Mérian (Gaspar et Mathieu)

208. Vues de France, 190 pl. — Vues d'Allemagne, 120 pl., 1656. En tout trois-cents dix pièces.

Méryon (Charles)

209. La Tour de l'Horloge. Belle épreuve, tirage de *L'artiste.*

Midart (L.)

210. Batailles relatives à la Suisse : Morgarten. — Laupen. — Sempach. — Nafels. — Morat. — Dornach. Six pièces in-fol. Belles épreuves.

Moncornet (Balthazar)

211. Portraits de femmes. Vingt pièces. Très belles épreuves.

Monsiau (d'après N.)

212. L'Amant de lui-même, par L. Pauquet, 1796. Vignette in-4. Très belle et rare épreuve à *l'état d'eau-forte pure.*

Moreau l'aîné (d'après L.)

213. Le Villageois entreprenant, par Germain et Patas. Belle épreuve, marges.

Moreau le jeune (d'après J. M.)

214. La Sortie de l'Opéra, par Martini. Belle épreuve, marges.

Morghen (Raphaël)

215. *Madona col Bambino*, d'apr. L. Carrache. 1804. Très belle épreuve.

216. Saint-Jean. — La Vierge et l'Enfant Jésus. — Le Christ. Trois pièces d'après L. de Vinci, Garofalo et C, Dolci. Très belles épreuves.

Morland (d'après G.)

217. *How Sweets the Love that Meets return* par T. Gaugain 1785. Ovale in-fol. Très belle épreuve tirée en couleurs, marges.

Morland et Singleton (d'après)

218. Industry and Oeconomy. — Extravagance and Dissipation. — The Fruits of early Industry et Oeconomy. — The Effects of Extravagance & Idleness. Suite de quatre pièces gr. in-fol., par Darcis. Très belles épreuves, déchirure à la dernière.

Muller (Jean)

219. L'Adoration des Bergers, d'après B. Spranger, 1606 (B. 65). In-fol. Très belle épreuve.

Muller (Jean Gothard)

220. Galloche (Louis), d'après L. Tocqué (D. 1645). Superbe et très rare épreuve du 1er état, *avant toutes lettres, non entièrement terminée*

Nanteuil (Robert)

221. Beaumanoir de Lavardin (R. D. 35). Belle épreuve du 1er état, sans marge.

222. Mazarin (le Cardinal), 1659 (R. D. 184). Très belle épreuve du 1er état. Rare.

223. Harlay-Chanvallon (F. de) (R. D. 107). Belle épreuve.

224. Sarrasin (J. F.), 1656 (R. D. 220). Très belle épreuve du 2e état. Rare.

225. Gillier (Melchior de), 1652 (R. D. 102). — Guénégaud (H. de) (106). — Ligny (D. de), 1654 et 1661 (144-145) — Thevenin (Cl. (230), Cinq portraits in-fol. Belles épreuves.

Nanteuil (Célestin)

226. Frontispices et Vignette. Un clair de lune, par Albitte, 1833. — Le jeu de la Reine. — Frontispice, 1834 (H. B. 24). — Frontispice pour un ouvrage sur la Musique? — Bibliothèque Romantique. Cinq eaux-fortes. Belles épreuves, trois sur chine.

Napoléon Ier (Estampes relatives à)

227. Bonaparte accompagné du général Berthier à la bataille de Marengo, par A. Cardon d'après J. Boze, 1802. Grand in-fol. Très belle épreuve.

228. Entrée de Napoléon au château de Schaenbrunn. — Entrevue des deux Empereurs, le lendemain d'Austerlitz. — Batailles de Villafranca, d'Essling, de Dierstein, d'Austerlity, d'Ulm, de Tudela, etc. Dix pièces in-fol., publiées par Jean. Très belles épreuves coloriées.

Nattier (d'après J. M.)

229. Chartres (L.-H. de Bourbon-Conti, duchesse de) ou *Flore à son lever*, par Malœuvre. In-fol. Belle épreuve.

Northcote (d'après James)

230. L'Education de Coraly,?, par T. Gaugain. Pièce ronde in-fol. Très belle épreuve *avant la lettre*, tirée en bistre (petite restauration).

231. Petite fruitière anglaise, par T. Gaugain, 1785. Ovale in-fol. Très belle épreuve tirée en bistre, marges (légèrement piquée).

Ogborne d'après)

232. Caroline von Lichtfeld, par Stothard. Ovale petit in-fol. Très belle et rare épreuve *avant toutes lettres*, marges.

Ornements

233. ANONYME (XVIIe siècle). Arabesques et motifs d'ornements sur fond noir. Cinq petites pièces tirées sur trois feuilles. Belles épreuves.

234. BELLA (Stefano Della). Frises d'ornements. Douze pièces.

235. BÉRAIN (Jean). Arabesques, *cahier E*, 5 planches. — Arabesques, *cahier B*, 6 pl., sur 5 feuilles. Ensemble onze pièces in-fol. gravées par Giffart, Dolivar, etc. Très belles épreuves en *cahier*, à toutes marges.

236. BÉRAIN (Jean). Dessins de jardins. Cinq planches in-fol., en cahier. — Chapiteaux ornés, 5 pl. en cahier. Ensemble dix pièces in-fol. Très belles épreuves à toutes marges.

237. BERAIN (jean). Dessins de cheminées. Quatorze planches in-fol., gravées par Scotin aîné, Giffart, etc. en trois cahiers. Très belles épreuves à toutes marges.

238. BOUCHER FILS (F.) Arabesques. Douze pièces, y compris deux titres. Très belles épreuves.

Ornements

239. Bry (J. Th. de) Deux gaines. Petite pièce. Belle épreuve.

240. Collaert (Adrien). Vénus et l'Amour. — Persée. — Méduse. Trois petits médaillons dans des arabesques. Belles épreuves.

241. Delafosse (J. Ch.) 2e Lit à la Française. — Lit à la Chinoise. Deux pièces in-fol. Belles épreuves.

242. Delaulne (Etienne). Arabesques de diverses formes. Onze petites pièces. Belles épreuves.

243. Ducerceau. Décorations de cheminées monumentales. Onze pièces. Belles épreuves.

244. Dugourc (I.-D). *Arabesques inventés* et gravés par I.-D. Dugourc, 1782. Suite complète de six planches. Très belles épreuves.

245. Fay. Arabesques. Onze pièces in-fol. Très belles épreuves.

246. Forty (J.-F.) Pendules en Cartels, par Colinet. Trois pièces. Belles épreuves.

247. Gillot, Meissonnier, La joue. Portières. — Cartouches ornés. — Rocailles. Douze pièces. Belles épreuves.

248. Hopfer. Reliquaire. — Arabesque. Deux pièces. Belles épreuves.

249. Jacquard (Antoine). Gardes d'épées. — Pommeaux de cannes. — Médaillons. Sept pièces. Belles épreuves.

250. Mondon Fils et Babel. Cartouches ornés et Fontaines. Onze pièces. Belles épreuves.

251. Ranson, Pillement, Marillier. Trophées et arabesques. Dix-huit pièces par Voysard, Berthault, etc. Belles épreuves.

252. Solis (Virgile). *Palis*, fond de coupe. Petite pièce ronde. Belle épreuve. Rare.

253. Vovert (Jean). Motifs de Joaillerie, 1602. Trois petites pièces rares. Belles épreuves.

254. Divers. Arabesques. — Ornements de bijouterie. Sept petites pièces par Hurtu, Marc Gérard, Toutain, Gentsch, Cock. Belles épreuves.

Ornements

255. DIVERS. Motifs d'orfèvrerie. — Frises. — Vase, etc. Neuf pièces par P. Biard, Adam Philippon, D. Baumann, Briceau, Moncornet et anonymes. Belles épreuves.

256. DIVERS. Arabesques. — Cartouches. — Chiffres. — Ornements variés. Seize pièces par La Londe, Saint-Aubin, Germain, Martinet, Cauvet. Belles épreuves.

257. DIVERS. Arabesques. — Cartouches. — Motifs d'orfèvrerie. Vingt pièces par T. Bertren. J.-A. Pieffel, Habermann, etc. Bonnes épreuves.

258. DIVERS. Cartouches. — Arabesques. — Frises. — Chiffres, etc. Vingt-sept pièces par Berain, N. Loir, Grossman, Dugourc, Lock, etc.

Paris (Estampes relatives à)

259. Vue des Montagnes aériennes du jardin Beaujon, par Caroline Naudet, 1817. In fol. Très belle épreuve, coloriée.

260. Tableau historique et chronologique de Paris, par R. De Baralle, Professeur, s. d. (1832). Deux feuilles gr. in-fol., ornées de onze vues. Bel exemplaire. Rare.

261. Vues diverses. Trente-trois pièces par Callot, Marot, Lalanne, Deroy, etc.

262. Vues de Paris. Cinquante-cinq lithographies, par A Deroy, coloriées.

263. Vues diverses anciennes et modernes. — Les boulevards et les quais de Paris. — Environs de Paris. Deux cent quarante pièces remontées en 1 vol. in-4° obl. cart., plusieurs très rares.

Parmesan (Francesco Mazzuoli dit le)

264. Judith. — L'Annonciation. — La Résurrection. — Sujets divers. Onze eaux-fortes. Rares. Belles épreuves.

Parrocel (les)

265. Costumes militaires. — Scènes d'enfants. Vingt-deux pièces. Belles épreuves.

Passe (Crispian de)

266. Le Bouquet des Bergères. Titre (remonté), et 36 planches contenant 72 médaillons de figures de femmes travesties, en 1 vol. in-8°, obl., rel.

Pater (d'après J. B.)

267. L'Age d'or, deux compositions gravées par Lalive de Jully. Deux pièces in-4°. Très belles épreuves, marges.

Pencz (G.)

268. Hérodiade portant la tête de St-Jean (B. 29). — Mort de Lucrèce (79). Deux pièces. Belles épreuves.

Petit (G. E.)

269. Gesvres (J.-F. Bernard Potier, de). — Phelypeaux (J.-F.). Deux portraits, d'après L.-M. Vanloo. Belles épreuves.

Petits Maîtres

270. Sujets religieux et divers. Quatorze pièces par ou d'après Lucas de Leyde, Beham, Hopfer, Delaulne, Aldegraver.

Pichler (Johan)

271. Léopold II, archiduc d'Autriche, d'après Hickel. In-fol. Très belle épreuve sans marges sur trois côtés.

Pièces historiques

272. *Le Prince d'Orange faisant seul ses afaires. Entrée triomphante de Guillanme* (Pce d'Orange) *à Londres*). Deux pièces satyriques in-fol., anonyme. Belles épreuves. Rares.

Pièces historiques

273. Lit de justice tenu par Louis XIV, par J. Le Pautre. — Représentation du feu d'artifice tiré devant l'Hôtel de Ville de Paris le 7 septembre 1729. — La Naissance de Mgr le Dauphin, médaille allégorique. — Buste de Louis XIV à Versailles. Cinq pièces. Très belles épreuves, plusieurs rares.

274. *Funérailles de l'Empereur Napoléon*, par MM. Ferogio et Girard. Paris, V^r Delarue, s. d. Couverture illustrée et six lith. in-fol. Belles épreuves tirées sur teinte.

Pissarro (Camille)

275. Faneuses d'Eragny. Pointe sèche. Très belle épreuve.

Porporati

276. Pâris et Œnome, d'après A. van der Werff. In-fol. Manière noire. Superbe et rare épreuve *avant la lettre*.

277. Vénus qui caresse l'Amour, d'après P. Battoni. In-fol. Belles épreuves à grandes marges.

278. Prima Mors... d'apr. Vander Werff. — Agar renvoyée par Abraham, d'apr. Daniel vanden Dyck. Deux pièces in-fol. faisant pendants. Très belles épreuves.

Portraits

279. Stroza. — Garnier, poète. — Charles de Bourbon. Trois pièces par L. Gaultier, C. de Mallery et Th. de Leu. Belles épreuves.

280. Montpensier (D^sse de), par Gantrel. — Orléans (L^se. H^te de Bourbon-Conty. D^sse d'), par Petit. — Dubary (Comtesse), par Le Beau. Trois pièces. Belles épreuves.

281. Lowendal (W. de). — Beringhen (H. de). — Roncherolles (P.). — Vendôme (duc de). Quatre pièces in-fol.. par Wille, Roullet, Grignon et Guérin.

Portraits

282. Barra. — Viala. — Le Peletier St-Fargeau. — Marat. — Joubert. — Mme Roland, etc. Sept pièces par Bonneville, Bance, Compagnie. Très belles épreuves.

283. Le Tellier (Michel). — Vignerod (A. de). — Brunenc (J. de). — Albret (E.-O. de la Oour d'Auvergne, duc d'). — Nesmond (F.-O. de). — Le Fevre d'Ormesson. — Le Bouthilier (V.). Huit portraits in-fol., par Edelinck, Nanteuil, Vermeulen et Pally. Belles épreuves.

284. Portraits Allemands. Dix-sept pièces par Fratrel, Bartsch, Schroder, Suyderhoef et autres. Belles épreuves.

285. Seguier (P.). — de Thou. — Guébriant. — Molé (F.), etc. Dix-huit pièces par J. Morin, Nanteuil, Audran, Ficquet, Saint-Aubin, cinq avant la lettre.

286. Chauvelin. — Houssaye, violoniste. — Elleviou. — Henri d'Harcourt. — J.-B. Rousseau. — Bossuet, etc. Dix-huit pièces par Daret, B. Picart, Miger, Chereau, Dupin et autres. Belles épreuves, une avant la lettre.

287. Peintres, Sculpteurs et Graveurs : Kauffman (Angelica). — Le Brun (Ch.). — Slodtz (les), — Le Clerc (S.). — Mengs (R.). — Canova. — Perronet-Boucher. — Odevaere. — Simon (P.). — Fontana (D.), etc. Dix-neuf pièces par Noël Boniface, Edelinck, Blooteling, Saint-Aubin et autres. Belles épreuves.

288. Portraits divers : Washington. — Napoléon Ier et sa famille. — Mirabeau. — Emaux de Petitot, etc. Vingt-trois pièces par divers artistes. Belles épreuves, plusieurs avant la lettre.

289. Vérien (N.). — Richelieu. — Th. le Juge. — J.-B. Greuze. — Descartes. — Marguerite Lemon. — G. de Lairesse. — C.-M. Le Tellier. — Ruyter, — Napoléon Ier, etc. Vingt-quatre pièces par Edelinck. Schuppen, Vorsterman, Suyderhoef, Choffand et autres. Belles épreuves.

Portraits

290. Personnages divers étrangers. Trente pièces par Hollar, Houbraken, Verkolie, Pontius et autres, cinq avant la lettre.

291. Portraits de Louis-Philippe et des membres de la famille d'Orléans. Treize pièces. Très belles épreuves.

Prud'hon (d'après P. P.)

292. L'Amour caresse avant de blesser, par B. Roger. In-4°. Très belle épreuve *avant la lettre.*

293. L'Amour réduit à la Raison, par Copia. Belle épreuve.

Ramberg (I. H.)

294. La Jument du compère Pierre. — Joconde. Deux pièces ovales in-fol. Belles épreuves *aquarellées* et montées en dessins.

295. Le Villageois qui cherche son veau. — Le Poirier enchanté. — Scènes d'enfants. — Le Marché d'esclaves. — Scènes napolitaines. Dix pièces. Belles épreuves. Ce ne pourra être divisé.

Rembrandt. van Ryn

296. La grande Descente de Croix. In-fol. Bonne épreuve.

Reynolds (d'après sir Joshua)

297. Baretti (Joseph), par J. Hardy. Belle épreuve avec la *lettre grise.*

Rops

298. Frontispice pour *Anandria* (E. R. 450). Planche d'essai. Très belle épreuve sur Chine volant. Très rare.

Rosa (Salvator)

299. Diogène (B. 5). — Apollon et la Sybille Cumée (17). — Jason (18). — Le Héros endormi (23). Quatre pièces in-fol. Belles épreuves.

Rubens (d'après P. P.)

300. L'Enlèvement des Sabines, par Pitre Martenasie, 1769. Grand in-fol. Très belle épreuve *avant toutes lettres*.

301. Le Jardin d'Amour, par L. Lempereur. Gr. in-fol. Très belle épreuve *avant toutes lettres*.

302. La Kermesse, par Et. Fessard et Aug. de St-Aubin. Grand in-fol. Belle épreuve *avant la lettre*.

303. Retour de Diane de la chasse. — Bacchanale au Silène. — Erichtonius dans le panier. — Quatre pièces in-fol., par Bolswert, Soutman, Sompel et Wyngaerde. Belles épreuves.

304. Descente de Croix. — Mort de la Madeleine. — St-Michel, etc. Cinq pièces in-fol., par M. C. Galle, Vorsterman, Neefs et Balliu. Belles épreuves.

305. L'Ascension. — La Vierge de Douleurs. — Silène ivre. — Paysage, etc. Onze pièces par Bolswert, Lecuw, Soutman, Pontius. Belles épreuves.

Sadeler le vieux (Jean)

306. La Passion de Jésus-Christ, d'après M. Geraert. Suite complète de un titre et treize pièces in-8°, de forme ovale. Belles épreuves.

307. Les Hommes surpris dans leur dérèglements par le jugement dernier, d'après Th. Bernaerd. In-fol. Très belle épreuve.

Saint-Aubin (Aug. de)

308. Le Kain, d'après Le Noir, (E.-B. 128?). Très belle épreuve du 1er état, *avant la lettre*.

Savart (Pierre)

309. Alembert (J.-d'), d'après Mlle Lusurier, 1780 (F. 1). Très belle et rare épreuve du 1er état, *avant toutes lettres.*

Schall (d'après)

310. *The Officious waiting woman*, par Alex. Chaponnier. In-fol. Très belle et rare épreuve *avant la lettre*, grandes marges.

Schmidt (G. F.)

311. La Tour (Maurice Quentin de), sur un chevalet, d'après lui-même, 1772 (J. 89). Très belle épreuve.

312. La Tour d'Auvergne (L. de), comte d'Evreux, d'après H. Rigaud (J.-42). Très belle épreuve du 3e état, marges.

313. Pesne (Ant.), d'après lui-même (J. 69). Très belle épreuve, grandes marges.

314. Goërne (Fréd. de), (J. 70). Très belle et rare épreuve 2e état, *avant le texte allemand*, grandes marges.

Schultz (C. G.)

315. La Vierge de Lorette, d'après Raphaël. Grand in-fol. Très belle et rare épreuve *avant la lettre.*

Sergent-Marceau (A. F.)

316. Portrait de Necker, d'après J.-S. Duplessis. In-4°. Superbe et rare épreuve *avant la lettre*, imp., en couleurs, grandes marges.

Simonet (J. B.)

317. Les premiers Martyrs de la liberté française ou le massacre de la Garde nationale de Montauban le X may MDCCLXXXX, d'après le Ch. de Lespinasse. In-fol. Belle épreuve.

Singleton (d'après H.)

318. *The Vicar of the parish receiving his Tithes. — The Curate of the parish return'd from duty.* Deux pièces in-fol. par Th. Burke, 1793, faisant pendants. Très belles épreuves à grandes marges.

Spilsburg (d'après Maria)

319. Reading, par Ch. Turner, 1802. In-fol. Très belle épreuve tirée en couleurs.

Steen (François van den)

320. Charles II, duc de Mantoue et la duchesse Aloysie? In-fol. Belle et rare épreuve *avant toute lettre.*

Stothard (d'après)

321. *The Death of Lord Robert Mammers*, par J.-K et Ch. Sherwin, 1786. Grand in-fol. Très belle épreuve, grandes marges.

322. La même estampe, en même état.

Taunay (d'après)

323. Noce de Village. — Foire de Village. Deux pièces gravées en réduction, par Descourtis. Très belles épreuves en *noir*, avec marges. Encadrées. Rares.

Théâtre (Estampes relatives au)

324. Costumes d'acteurs, scènes à deux personnages dans les pièces du Théâtre-Français. Trente petites pièces de l'époque de la Restauration. Belles épreuves coloriées, rehauts d'or.

325. GALERIE THÉATRALE. Actrices : Mlle Volnais. — Mme Gonthier. — Mlle Massy. — Mme Candeille. — Mlle Dangeville. — Mlle Noblet. — Mlle Prévost. — La Champmeslé. — Mme Montessu. Treize pièces par Prudhon fils, Chaponnier, Couché etc. Très belles épreuves, trois tirées en couleurs.

Théâtre (Estampes relatives au)

326. Galerie théâtrale : Acteurs : Baptiste aîné — Brizard — Huet — Thénard — Nourrit — Fréd. Lemaître — Vernet — Samson — Molé, etc. Vingt pièces par Prudhon, Choubard, Couché. Très belles épreuves, plusieurs avant la lettre.

327. Portraits d'Acteurs et d'Actrices, par Fréd. Hillemacher. Vingt pièces. Belles épreuves, neuf avant la lettre.

328. Acteurs et Actrices : Louise Pierson — Mlle Cheza — Desmoussaux — Lafon — Mme Tousez — Monrose — Michelot — Mme Paradol — Mlle Bourgeois Damas — Baptiste aîné — Granville, etc. Vingt littographies par A. Collin. Très belles épreuves sur chine.

329. Portraits d'Actrices : Ugalde — Christine Nilsson. — Mme Albert — A. et Mad. Brohan — Rachel — Persiani — Thérèse Bourgoin — Sarah Bernhardt. Vingt-cinq pièces par Vigneron, L. Noel, Raunheim, Bertonnier, P. Legrand, etc. Belles épreuves, trois avant lettre.

330. Décors pour la Muette, Virginius, l'Enfant prodigue, Roméo et Juliette, Marino Faleiro, Paris et Londres, etc. — Scènes de comédie, ballets, vaudevilles — Vues de théâtres. Cinquantes pièces par divers artistes. Belles épreuves.

Thévenin (J. C.)

331. La Ste Vierge, d'apres Raphaël. in-fol. Très belle épreuve.

Turner (d'après J. K. W.)

332. Vues de la Seine, de la Loire et de la Marne, 1833-1835. Soixante pièce par Wallis, Cousen, Brandard, etc. Belles épreuves en 1 vol., in-8. (plusieur pièces avant la lettre).

Vanloo (d'après Carle)

333. Hyppolyte de la Tude Clairon, v· acte de Médée, par Cars et Beauvarlet. Gr. in-fol. Très belle épreuve, doublée.

Velde (A. vande), Laer, Stoop

334. Animaux. Neuf eaux-fortes. Belles épreuves.

Vernet (d'après Joseph)

336. La Rochelle vue de la petiterive, par Cochin et Le Bas. Grand in-fol. Très belle épreuve *avant toutes lettres* grandes marges.

336. La Ville et la Rade de Toulon, par Cochin et le Bas. Grand in-fol. Trés belle épreuve *avant toutes lettres*, grandes marges.

Vico et Woeiriot

337. Portrait d'Homme — Asdrubal — Scènes de Supplices. Cinq pièces. Belles épreuves.

Voysard (E.)

338. Combat de La Hogue, d'après B. West. In-fol. Belle épreuve à toutes marges.

Watteau (d'après Antoine)

339. La Roque (Ant. de), par Lépicié. Très belle épreuve.

Watteau (d'après Ant.)

340. Le Passe temps, par B. Audran (E. de G. 151). Belle épreuve.

Watteau (d'après Ant.)

341. Le Printemps, par Brillon. — L'Hiver, par N. de Larmessin. Deux pièces in-fol. Belles épreuves, petites marges.

Weiss (David)

342. Portrait de Femme, d'après Muneret. Epreuve *avant la lettre*, tirée en bistre, toutes marges.

Westall (d'après R.)

343. *Innocent Mischief*, par C. Josi, 1796. In fol. Très belle épreuve, marges.

Wheatley (d'après F.)

344. *Milch below Maids*, par L. Schiavonetti. In-fol. Très belle épreuve *avant toutes lettres*. Très rare.
345. La même estampe. Très belle épreuve imprimée en couleurs, grandes marges.

Wille (Jean-George)

346. Elizabeth de Gouy (Mme H. Rigaud). — Lowendal (Woldemar de). Deux pièces in fol., d'après H. Rigaud et La Tour. Bonnes épreuves.

347. *Variétés de Gravures... terminées en l'an 8 et 9 de la République par Jean Georges Wille...* — Paris, chez l'auteur, 1801. Frontispice et 36 planches en 1 vol., in-4 broché. Belles épreuves.

Woeiriot (Pierre)

348. Bornonius (Jacques), 1573. Très belle épeeuve.

Woollett (William)

349. Niobé, d'après R.Wilson, 1761. In-fol. Belle épreuve.

DESSINS

Anonyme (XVIIe siècle)

350. Scène de l'Histoire romaine. A la plume, lavé d'encre de chine.

Devéria (Achille)

351. Portrait en pied de Mlle Laure Devéria. A la mine de plomb. Signé.

École Française (XVIIIe siècle)

352. Etudes de Femmes nues. Douze dessins à la sanguine.

Géricault (Théodore)

353. Portraits de Dupaty, de Michallon et de ? Trois croquis à la mine de plomb sur la même feuille.

Isabey (Jean-Baptiste)

354. Portrait d'une Actrice, dans un rôle de paysanne. Jolie aquarelle de forme ovale, signée *J. B. J. 1824.* Collection Gérard-Fontallard.

Miniatures

355. Feuillets d'antiphonaires et Lettres ornées.

Moitte, Le Barbier, Vincent

356. St Louis. — Scènes de l'Histoire Romaine. — Etude de figure. Quatre dessins signés.

Rachel, célèbre tragédienne

357. Rachel dans le Rôle de Cléopatre, dessinée par elle-même. A la mine de plomb. Au verso de ce précieux croquis on lit : *Mon cher Gustave, je continue la collection, continuez de m'aimer un peu, Rachel, Paris le 8 Obre 1847.*

Raffet (A.)

358. Anvers : Pont ruiné de la porte de Secours du rentrant de gauche du bastion Pacioto, 1832. Etude à la mine de plomb pour l'une des planches du *Siège d'Anvers.*

359. Vue du village Tatar d'Alouchta, 31 juillet 1846. Dessin au crayon noir et plume avec rehauts de gouache et qui a servi de calque à la lithographie (G. 677).

360. Sous-officiers et soldats du Régiment de Volhynie, 25 août 1837. Important croquis à la plume sur papier calque, pour la Pl. 57 du *Voyage en Russie.*

361. Circassiens, Lesghines et Cosaques de la ligne, formant l'escorte de l'Empereur de Russie. Important croquis au crayon noir, sur papier calque, pour la Pl. 60 du *Voyage en Russie.*

362. La Rue Quincampoix en 1720, deux projets de composition pour l'*Histoire de la Révolution Française*, par L. Blanc A la mine de plomb, rehauts de sépia.

363. Sergent et soldats du dépot des Gardes françaises, journée du 12 juillet 1789. — Gardes françaises à la prise de la Bastille. — Suisse, journée du 10 août. Trois croquis à la plume et à la mine de plomb.

364. Héliopolis. Deux projets différents pour *Consulat et Empire*, par Thiers. Deux petits croquis à la plume (1845).

365. Soldats de la 1re République, croquis pour le *Napoléon*, de Norvins. — Etudes de Tirailleur-Grenadier. Deux dessins au crayon. On y a joint un *fumé* d'un bois de Lavoignat, pour le Norvins.

366. Marins Grecs, 1847 et 1849. Deux dessins rehaussés d'aquarelle.

Raffet (A.)

367. Jugement de Marie-Antoinette, 1re pensée de la pl. 23 du *Musée de la Révolution*, 1834. — Jeune Femme soignant un blessé, souvenir de juillet 1830. — Officiers de la 1re République. Trois croquis à la plume avec rehauts de sépia.

368. Officier autrichien. — Chasseur autrichien en tenue de campagne. — Autrichiens et Hongrois. Quatre croquis à la plume ou à la mine de plomb.

369. Guadet. — Les Girondins, allant à l'échafaud. Dix beaux petits croquis sur deux feuilles, projets de frontispice pour *Les Girondins*, par A. de Lamartine.

370. Sous ce numéro il sera vendu par lots, environ 4000 estampes anciennes et modernes.

IMP. ANDRÉ MARTY
25, RUE LOUIS-LE-GRAND

www.ingramcontent.com/pod-product-compliance
Ingram Content Group UK Ltd.
Pitfield, Milton Keynes, MK11 3LW, UK
UKHW020452180726
13839UKWH00004B/1792

9 782329 545547